FÉLIX RÉGAMEY

HORACE LECOQ DE BOISBAUDRAN
ET SES ÉLÈVES

NOTES ET SOUVENIRS

AVEC LA REPRODUCTION D'UN PORTRAIT DU MAITRE

PAR LUI-MÊME

PARIS

HONORÉ CHAMPION, LIBRAIRE

9, QUAI VOLTAIRE

1903

HORACE LECOQ DE BOISBAUDRAN

ET SES ÉLÈVES

TYPOGRAPHIE FIRMIN-DIDOT ET Cie. — MESNIL (EURE).

par lui-même, vers 1860.
Reproduction d'un dessin aux deux crayons sur papier gris,
très endommagé (h. 0.32, l. 0.26).

FÉLIX RÉGAMEY

HORACE LECOQ DE BOISBAUDRAN

ET SES ÉLÈVES

NOTES ET SOUVENIRS

AVEC LA REPRODUCTION D'UN PORTRAIT DU MAITRE

PAR LUI-MÊME

PARIS

HONORÉ CHAMPION, LIBRAIRE

9, QUAI VOLTAIRE

1903

HORACE LECOQ DE BOISBAUDRAN

ET SES ÉLÈVES

Horace Lecoq de Boisbaudran, fils de Charles Lecoq de Boisbaudran (1) et de Marie-Marthe Bernard de Luchet, naquit à Paris le 24 juin 1802; il y est mort, âgé de quatre-vingt-quinze ans, le 7 août 1897.

Issu d'une vieille famille du Poitou, un de ses ancêtres, Jacques Lecoq, écuyer, sieur des Roches, de Fiel Rabier et de Boisbaudran, reçut la noblesse comme maire et échevin de la ville de Saint-Jean-d'Angély, par lettres royales en date du 17 mai 1624. Un arrêt de la cour des Aydes du 14 juin de la même année porte l'entérinement desdites lettres. Le blason et les armes sont d'azur, au coq d'argent membré et cresté de gueules.

Parlant d'une Anglaise dont la vie incolore s'acheva sans la moindre aventure dans un coin perdu de province, Mæterlink, pour un roman, le seul livre qu'elle ait écrit, lui décerne le titre de femme de génie : « Elle avait toutes les audaces, toutes les passions, toutes les indépendances dans son âme, mais dans la vie, toutes les timidités, tous les silences, toutes les inactions, toutes les restrictions, toutes les abstentions et tous les préjugés qu'elle méprisait dans sa pensée (2). »

(1) En 1813, C. L. de Boisbaudran était contrôleur de la Loterie Impériale de Genève.

(2) *La Sagesse et la Destinée.*

De cette énumération qu'on pourrait appliquer aussi bien à Lecoq de Boisbaudran, le dernier mot seul serait à biffer. En effet, personne plus que lui ne fut exempt de préjugés; mais il apportait dans l'expression de sa pensée, ouverte aux conceptions sentimentales les plus audacieuses, la réserve extrême d'un esprit indépendant, pénétré du doute scientifique.

Mæterlink ajoute : « Trop souvent, c'est l'histoire des âmes trop pensives. » Génie, âme trop pensive... Lecoq de Boisbaudran fut une de ces âmes-là, et un génie aussi.

Aussi bon peintre que professeur excellent, ses propos circonspects, empreints de déférence pour la pensée de l'humble interlocuteur qu'il trouvait en moi, ont marqué mon esprit d'une empreinte profonde.

Le véritable professeur, disait-il, doit écarter de ses jugements l'esprit systématique, et jamais il ne proposera à ses élèves son propre exemple, car *plus il saura paraître impersonnel, mieux il assurera leur personnalité.*

A ce propos, je dirai qu'obéissant à un scrupule, qui semblera sans doute exagéré, il ne laissa jamais rien voir de ses travaux à ses élèves, voulant ainsi ne pas les exposer à la tentation d'imiter sa manière; il peignit cependant jusqu'à la fin de ses jours, on peut dire : secrètement. Je n'ai vu qu'après sa mort quelques-unes de ses œuvres chez un de ses parents qui en avait hérité.

Ses dernières esquisses, — de nombreux portraits de lui-même, — attestent une puissance de touche, une largeur d'inspiration chaudement colorée, qui contrastent singulièrement avec la tenue un peu rigide de sa première manière.

Admis à l'École des Beaux-Arts le 23 avril 1819, il fut élève de Peyron et de Guillon Le Thière. Son premier envoi au Salon remonte à 1831 : portrait de M. Ch. Lecoq de Boisbaudran, son père; viennent ensuite : — portrait de femme; 1833. — « Une lettre d'amour »; 1834. — Un port de mer; 1835. — « Une religieuse »; 1837. — « Le Christ à la montagne des Oliviers » (commande de l'État); 1843. — « Saint Jérôme »; 1844. Les envois cessent à partir de cette date.

E. Bellier de la Chavignerie, dans son « Dictionnaire général des Artistes français » signale encore une « Madeleine dans le désert » peinte en 1850.

Dans le « Dictionnaire historique et raisonné des peintres de toutes les Écoles depuis l'origine de la peinture jusqu'à nos jours », d'Adolphe Siret, est également citée une « Sainte Geneviève rendant la vue à sa mère ».

La plupart de ces tableaux figurent aujourd'hui dans la collection de M. le docteur Pierre Rondeau, chef-adjoint honoraire des travaux physiologiques à la Faculté de médecine de Paris, cousin de Lecoq de Boisbaudran et son exécuteur testamentaire, à qui sont dus la plupart des renseignements biographiques contenus dans cette notice.

Une « Sainte Cécile », tableau important de 2^m,50 sur 1^m,60; de nombreux dessins, études pour les tableaux qui viennent d'être cités, font partie de la même collection, ainsi que deux portraits du maître, une peinture et un pastel, exécutés par lui-même, l'un à 92 ans, l'autre à 95 ans, peu de temps avant sa mort, et l'on peut dire de cette dernière œuvre qu'elle l'emporte par sa vigueur sur le beau portrait de M. Bernard de Luchet son oncle, qu'il peignit cependant alors qu'il était dans la force de l'âge.

On ne trouve plus trace de ses peintures à partir de 1850; depuis cette époque, sa carrière d'éducateur l'absorbe complètement.

En 1847, il avait fait paraître son livre : *Éducation de
la mémoire pittoresque*, in-8° (1), réimprimé en 1862, et
ce n'est qu'en 1872 qu'il publie un second travail sous
ce titre : *Coup d'œil sur l'enseignement des Beaux-
Arts,* puis, en 1876, une brochure intitulée : *Sommaire
d'une méthode pour l'enseignement du dessin et de la peinture. Lettres à un jeune professeur.*

Ces ouvrages, réunis en un seul volume, furent publiés
de nouveau en 1879.

Ces trois études, dit la note de l'éditeur, traitant le
même sujet, ont dû se répéter sur quelques points essen-
tiels. Composées à quelques années de distance l'une de
l'autre, elles ne se suivent pas comme des chapitres d'un
même ouvrage. Mais elles se relient entre elles par l'unité
de but et de principe. Elles se servent réciproquement
d'explications, de développement, de corollaires, et com-
plètent ensemble l'exposé des doctrines de l'auteur.

Dans l'*Histoire générale* que publient MM. Lavisse et
Rambaud, on lit ceci :

Cazin, Fantin-Latour, James Tissot, Guillaume Régamey
(je me permets d'ajouter ses deux frères Félix et Frédéric), Alphonse Legros, Roty, pour n'en pas citer d'autres, furent for-
més à l'enseignement du maître admirable qui marqua comme
d'une empreinte morale tous ceux qui reçurent ses conseils,
ses leçons, et qui, si on ne l'avait systématiquement sacrifié
aux ateliers officiels et académiques, aurait donné à notre
École la méthode et la discipline libératrice dont elle avait be-
soin au lendemain de l'agitation romantique, entre le lyrisme
épuisé et le classicisme expirant; du moins a-t-il laissé, en
quelques opuscules dignes d'être médités à défaut de son ac-
tion personnelle, l'énoncé de quelques principes directeurs.

(1) Un arrêté signé Falloux, 29 décembre 1848, autorise le placement
de cet ouvrage dans les bibliothèques.

Il faudra y revenir toutes les fois qu'on voudra, en laissant à l'émotion personnelle la plus entière liberté, munir l'élève de méthodes précises, d'habitudes de conscience, d'observation et d'esprit, de ressources certaines qui ne risquent pas de devenir des procédés et des recettes. Son traité sur l'*Éducation de la mémoire pittoresque* est un petit chef-d'œuvre de pédagogie pratique et profonde.

En 1841, il entre comme professeur-adjoint à l'École Royale et spéciale de dessin de Paris, dirigée par M. Belloc où, trois ans après, par arrêté en date du 27 février 1844, il est nommé professeur titulaire aux appointements de 1.200 francs.

En 1847, il est professeur de dessin à la succursale de la Légion d'honneur, rue Barbette, et y applique sa méthode de l'Éducation de la mémoire pittoresque. Dans une lettre du 20 août 1848, le général Subervie, grand-chancelier de la Légion d'honneur, le félicite des brillants résultats obtenus par sa méthode et exprime le vœu qu'elle soit expérimentée dans tous les établissements consacrés à la jeunesse et particulièrement dans toutes les maisons d'éducation de la Légion d'honneur.

Vers la fin de 1851, il présente sa méthode d'enseignement du dessin à l'Académie des Beaux-Arts. Une commission, composée de MM. Couder, Horace Vernet et Robert Fleury, est chargée de l'examiner, et l'auteur lui-même est appelé dans une séance de l'Institut.

Le rapport de la commission se termine ainsi :

« Votre commission vous propose de donner votre approbation à l'« Exercice de la mémoire pittoresque de Boisbaudran ».

Signé à la minute :

H. Vernet, Auguste Couder, Raoul Rochette.

(Extrait du procès verbal de la séance du samedi 17 janvier 1852.)

De même la Société d'Encouragement pour l'Industrie nationale, dans le but d'examiner les avantages de la méthode de Boisbaudran, constitue en 1856 une commission composée de MM. le marquis de Pastoret, président; Amédée Durand, Barral, duc de Montmorency, Gourlier, etc., qui, sur le rapport du secrétaire, décide que M. Lecoq de Boisbaudran a mérité pour ses travaux la médaille d'argent.

Après avoir assisté aux exercices de ses élèves, à l'École de dessin, cette Commission fit une démarche auprès de l'École des Beaux-Arts pour lui demander de choisir quelques-uns de ses élèves, afin de les faire concourir avec ceux de Boisbaudran. Cette proposition fut écartée et provoqua une réponse bien caractéristique de l'éminent professeur, Léon Cogniet :

« C'est une lutte que moi-même personnellement je n'accepterais pas; j'ai beaucoup exercé ma mémoire; mais ne puis prétendre à des résultats approchant ceux obtenus par M. de Boisbaudran. »

Quelques années plus tard, Horace Vernet lui écrivait :

« Je vous engage à poursuivre la propagation de vos idées, qui ouvrent à l'enseignement de l'art de nouveaux et vastes horizons. »

En 1858, Viollet-le-Duc, à son tour, dans *l'Artiste*, écrit un article très élogieux sur la méthode de Lecoq de Boisbaudran.

En 1863, il est autorisé à ouvrir un atelier annexe de l'école de dessin, pour y expérimenter, d'une manière tout à fait sérieuse, dit l'arrêté signé du maréchal Vaillant « les ressources que peut offrir l'exercice de la mémoire pour l'enseignement du dessin. » Le Maréchal pouvait bien n'avoir jamais entendu parler des essais concluants si hau-

tement appréciés par son ancien frère d'armes, le général
Subervie.

Cet atelier était ouvert pour les élèves qui consentiraient
à s'inscrire, et les dépenses ne devaient pas dépasser 1.500
francs par an.

Lecoq de Boisbaudran reçoit la Légion d'honneur le
14 août 1865.

Le 23 mai 1866, il est nommé directeur adjoint, chargé
exclusivement de la section des études à l'École impériale
spéciale de dessin et de mathématiques. M. Belloc, directeur,
restant chargé de l'administration. C'est en cette qualité
qu'à la distribution des prix de l'École, présidée par M. le
comte de Nieuwerkerke, sénateur, surintendant des beaux-
arts, Lecoq de Boisbaudran prononça, le 12 août 1866,
dans la grande salle du lycée Louis le Grand un sage
discours. Après les remerciements et compliments d'usage
aux personnages officiels présents, il s'exprima en ces ter-
mes :

«... J'ai voué depuis longtemps une affection profonde à
cette école, dans laquelle j'ai été d'abord élève, puis pendant
25 ans professeur.

« J'accepte donc avec un entier dévouement la mission qui
m'est confiée de réorganiser ses études et de leur donner une
impulsion nouvelle.

« Sans me dissimuler les difficultés de ma tâche, j'espère les
surmonter avec l'aide de MM. les professeurs et de tous les
fonctionnaires de l'École.

« Il est un autre concours que je réclame vivement, c'est le
vôtre, mes chers élèves ; je vous demande toute votre exactitude,
toute votre attention, toute votre ardeur au travail.

« Pour régler et diriger ce travail, un ordre et une régula-
rité nécessaires seront établis et les programmes de chacun des
genres d'étude seront successivement complétés et développés

suivant les indications de l'expérience. L'enseignement du dessin, en particulier, recevra, dès le commencement de la prochaine année scolaire, d'importantes modifications.

« Le dessin de mémoire, qui n'avait été considéré jusqu'ici que comme une expérience et n'était pratiqué que par un petit nombre d'élèves, prendra définitivement place dans l'enseignement ordinaire et recevra une application générale. Combiné dans une juste mesure avec les études habituelles, il viendra les corroborer toutes en développant les facultés d'attention et d'observation aussi essentielles pour le dessin de la figure humaine que pour celui de la fleur, des ornements ou des animaux, également utile dans les applications des beaux-arts à l'industrie.

« Vous avez tous pu apprécier les progrès réalisés par le petit groupe d'élèves qui ont suivi sérieusement les exercices de la mémoire pittoresque.

« Cette étude ne sera plus le privilège d'un petit nombre, chacun de vous pourra y participer et en recueillir les avantages.

« L'atelier que l'administration des beaux-arts, dans sa bienveillante sollicitude, avait annexé à l'École pour l'expérimentation de ma méthode, rentrera dans l'établissement même ; il deviendra comme une sorte de classe de vétérance, et d'atelier supérieur dans lequel seront combinées et résumées toutes les études de l'École.

« Dans cet atelier, qui recevra les élèves les plus avancés, pourront s'essayer et se reconnaître les différentes vocations, soit pour les arts industriels, soit enfin pour l'enseignement.

« Les élèves qui voudront éprouver leurs aptitudes pour le professorat formeront une division spéciale et seront exercés à enseigner avec clarté et méthode par le professeur qui les chargera de répéter ses leçons, d'abord aux plus jeunes commençants, puis successivement à des élèves plus avancés.

« Après un temps et des épreuves déterminés, ces jeunes gens, instruits par la pratique même, recevront un diplôme constatant leur capacité pour l'enseignement ; cette attestation officielle deviendra un titre important pour obtenir des positions honorables.

« L'École ainsi constituée en école normale comblera une lacune importante ; l'enseignement des arts du dessin devenant, comme celui des sciences et des lettres, l'objet d'instruction et de préparation spéciales, ainsi que d'examens sérieux, offrira les mêmes garanties et présentera également un but professionnel vers lequel se dirigeront les vocations véritables.

« Il est encore d'autres aptitudes qu'il importe également de favoriser ; l'École tendra de plus en plus à ouvrir largement les voies qui conduisent aux différentes industries artistiques, en développant l'étude de la figure décorative, de la fleur, de la plante, de l'ornement, de la sculpture et de la gravure ; elle s'appliquera de plus en plus à préparer les jeunes gens aux différentes professions qui se relient à l'architecture, à la coupe des pierres, à la charpente, ou qui nécessitent diverses applications mathématiques.

« Chacune de ces différentes études sera encouragée par des prix qui viendront exciter l'émulation et soutenir le travail. Mais, pour être dignes de votre ambition, ces récompenses ne doivent pas être prodiguées sans mesure.

« Cette année a commencé sur ce point une réforme qui continuera l'année suivante.

« Vous avez tous assisté à quelque distribution de prix d'écoles enfantines et vous avez souri en voyant chaque enfant, sans aucune exception, emporter fièrement son livre et sa couronne. A vous, mes chers élèves, il faut de sérieux succès, de véritables triomphes : vous ne serez pas traités en enfants, mais en jeunes hommes. Il n'y aura donc pas de prix pour tout le monde, et la victoire, sérieusement disputée, sera vraiment significative et glorieuse.

« Suivez avec ardeur tous les concours qui vous seront proposés ; mais que l'ambition de remporter des prix ne soit pas votre seul mobile.

« Il faut trouver un attrait dans le travail lui-même et se proposer, non pas seulement de surpasser ses condisciples, mais de se surpasser soi-même par des progrès incessants ; votre plus puissant stimulant doit être l'amour de votre art et la poursuite d'un idéal de perfection dans chacune des professions que vous avez choisies.

« Mais pour manifester cet idéal dans les œuvres, il faut posséder les facultés qui sont les instruments nécessaires de tout travail d'art.

« Perfectionnez donc en vous l'appareil compliqué et délicat des facultés de l'artiste. Exercez l'adresse et la sûreté de la main, la justesse et la finesse de l'œil, développez la puissance et l'activité du cerveau ; que dis-je ? achevez vous-mêmes cet organe suprême de l'intelligence. Oui, mes jeunes amis, vous en avez le pouvoir, et puisque nous devons suivre ensemble l'étude de l'anatomie, je puis bien, dès à présent, emprunter à cette science ainsi qu'à sa sœur la physiologie, un de leurs enseignements les plus utiles à la Jeunesse et qui sera, je pense, pour vous, une puissante incitation au travail.

« L'étude des facultés cérébrales a donné lieu à de nombreux systèmes aujourd'hui à peu près discrédités, mais ce qui reste acquis à la science et définitivement démontré, c'est que le cerveau, siège des facultés intellectuelles, se développe par l'exercice, pendant la jeunesse ; chez l'homme comme chez les animaux, chaque partie du cerveau qui correspond à une faculté s'accroît par l'exercice même de cette faculté. Ainsi les organes mis en jeu par l'étude et la pratique des arts s'augmentent et se fortifient par le travail et les études artistiques.

« L'individu modifie son cerveau par sa volonté, il fait en quelque sorte lui-même, pendant sa jeunesse, son organe intellectuel, c'est-à-dire l'instrument avec lequel il comprendra, pensera, donnera le véritable titre de sa valeur ; en un mot, se fera sa place dans le monde.

« Voilà, jeunes gens, l'influence que vous pouvez avoir sur votre destinée. Travaillez, hâtez-vous, car cette puissance ne dure pas toujours.

« Le paresseux ne doit pas compter sur des dispositions naturelles ; car de même que les organes se fortifient par l'exercice, de même ils s'affaiblissent et s'atrophient par l'inertie.

« Réfléchissez sérieusement ; il ne s'agit pas ici d'exhortations plus ou moins banales et usées ; mais de faits scientifiques, c'est-à-dire naturels, vrais, qui nous dominent avec une autorité souveraine et indéniable.

« L'histoire confirme ici pleinement la science.

« Les hommes vraiment éminents de toutes les époques dans les sciences, dans les lettres, dans la philosophie, dans les arts, ont toujours été ceux qui, doués de belles facultés, les ont cultivées énergiquement ; tels sont, pour ne parler que des temps qui nous avoisinent, les Cuvier, les Geoffroy Saint-Hilaire, les Arago, les Bichat, les Géricault, et tant d'autres qui resteront l'honneur de leur siècle.

« Vous savez tous de quelle mémoire merveilleuse était doué le peintre populaire de la Smala, le célèbre et regretté Horace Vernet ; on raconte sur ce sujet de nombreuses anecdotes, déjà légendaires, mais on se trompe généralement en pensant que cette mémoire extraordinaire était purement naturelle ; honoré de l'amitié de l'illustre artiste, j'ai pu l'entendre souvent s'expliquer à ce sujet et déclarer qu'il avait considérablement augmenté par le travail cette faculté de se souvenir que la nature lui avait d'ailleurs si généreusement départie.

« Ainsi toutes les fois que nous voyons le talent, le génie, la célébrité, le succès, nous rencontrons le travail, la volonté, l'énergie.

« C'est là, chers élèves, ce que j'ai voulu vous rappeler, vous persuader dans cette courte allocution ; car, ainsi que je vous l'ai dit en commençant, votre travail, votre volonté, votre énergie, c'est la part de coopération que je vous demande et avec laquelle j'espère faire parcourir à notre École et à vous-mêmes une nouvelle étape dans la voie du progrès. »

Et le compte rendu ajoute :

« L'importance de ce discours, qui annonce de sérieuses modifications dans la direction de l'École impériale de dessin, n'échappera à personne. »

Le 14 décembre 1866, Lecoq de Boisbaudran est nommé directeur à la place de M. Belloc décédé, les fonctions de directeur adjoint étant supprimées. Il allait donc pouvoir, dans des conditions particulièrement favorables, faire l'application intégrale de sa méthode... L'auteur de ces lignes, appelé, quoique bien jeune, à l'honneur de seconder son maître comme répétiteur, fut le témoin attristé de la lutte discourtoise qu'il eut à soutenir avec les professeurs d'alors, adversaires déclarés des idées de leur directeur.

Copier un modèle, c'était bien ; le reproduire de mémoire, c'était très mal !

Et pourtant est-il nécessaire de réfléchir longtemps, pour se rendre compte de l'identité absolue des deux gestes? Dans l'un comme dans l'autre, ne trouve-t-on pas, en effet, *l'observation conservée* par le moyen d'une opération mentale semblable, plus ou moins prolongée?

Eh bien, non! et c'est ainsi que le dessin de mémoire, dont la méthode de Lecoq de Boisbaudran fixait les règles, en même temps qu'il était approuvé platoniquement par quelques hautes personnalités de l'art, eut à subir les attaques de détracteurs aveugles.

Mal armé pour la lutte, trop sensible à l'injure — les lettres anonymes injurieuses ne lui furent même pas épargnées, — le maître capitula en offrant sa démission, acceptée par les puissants du jour, qui ne surent pas mieux le protéger contre ses ennemis qu'il ne sut se défendre lui-même.

L'expérience avait duré trois ans à peine, de 1866 à 1869. Les élèves qui y prirent part, parmi lesquels plusieurs sont nommés dans l'article cité plus haut, ne paraissent pas avoir beaucoup souffert de l'inconvénient grave plus particulièrement dénoncé par les adversaires du dessin de mémoire, dont la pratique, à les entendre, devait entraver l'essor de l'originalité et de l'imagination.

En effet, Cazin, Lhermitte et Georges Bellenger, par

exemple, sont bien des imaginatifs, et l'originalité de leurs anciens, Fantin, Legros et Guillaume Régamey, ne peut être contestée par personne.

Ceux-là pendant longtemps eurent à pâtir du dédain et de l'animosité qui accablèrent leur maître. Restés fidèles à son enseignement, réfractaires à toutes compromissions, ils se virent privés à leurs débuts des faveurs officielles et n'eurent pas leur part des consécrations et des avantages offerts par les concours académiques auxquels ils répugnaient d'ailleurs à se soumettre.

Ne faisant partie d'aucune coterie, ils ne pouvaient compter sur l'appui des pontifes du Salon; certains eurent à lutter longtemps pour atteindre à la notoriété, tandis que d'autres, leurs camarades, moins heureux encore, ne réussirent pas à sortir de l'obscurité, et durent se résigner à des tâches vulgaires.

Mais chez tous, il y a eu, comme on dit, « quelque chose », et pas un d'entre eux ne ressembla à l'un des autres. N'est-ce pas la meilleure réponse qu'on puisse faire au grand reproche adressé au système d'entraînement qu'ils suivirent ?

Nous avons au bout de la plume le nom de l'un d'eux, et non des moindres, qui refusa de suivre dans son atelier un peintre fameux. C'était se priver d'une haute protection. Les avantages certains auxquels il renonçait ainsi délibérément par attachement pour son premier maître eussent cependant écarté de sa route plus d'une des dures épreuves de la lutte pour la vie dont il eut à souffrir par la suite, jusqu'à en mourir.

C'était un sauvage, avec des scrupules de conscience dont ne s'embarrassent guère nos jeunes arrivistes d'aujourd'hui.

Les notes qui suivent sont de lui; extraites d'un journal intime de 1856-1866. Elles témoignent avec une simplicité touchante de l'absolue dévotion de l'élève, autant que de la profonde sollicitude du maître; l'un et l'autre unis dans une aspiration ardente vers le mieux. Elles rentrent dans le cadre de cette étude suffisamment pour n'y paraître pas déplacées.

1856. 3o *septembre*. — M. Lecoq m'a donné plusieurs idées sur la manière d'apprendre l'anatomie; retenir imperturbablement les noms des muscles et de leurs attaches, dessiner beaucoup de mémoire les parties détachées, et pousser plus loin l'étude par le moyen suivant : après avoir dessiné d'après nature un cheval, le disséquer en prenant le squelette pour base, l'habiller des différentes et plus essentielles couches de muscles...

1857. 5 *avril*. — Je viens d'apprendre mon échec au concours d'admission de l'École des beaux-arts, qui me chagrine beaucoup; je rencontre M. Lecoq dans la rue et nous montons ensemble chez lui. Il est très peiné de ma déconfiture qu'il attribue à une défaillance du jury... Après quelques instants passés à voir des compositions de Reutmann, vraiment très bonnes, il m'interroge sur mes projets et sur la manière de vivre que je me propose d'adopter. Il accueille assez bien mes idées qui paraissent l'intéresser beaucoup; cela fait qu'en me retirant, à la nuit tombante, j'ai le cœur plus léger.

27 *mai*. — A l'atelier, causé avec M. Lecoq de l'anatomie du cheval, qui m'occupe en ce moment. Je lui dis mon regret de n'avoir pu trouver des livres traitant des attaches des muscles.

Il parlera de cela à un célèbre anatomiste qui s'est occupé des chevaux. Ce savant s'occupe aussi des Raphaël du Louvre, pour y trouver des fautes. Il goûte mal le Saint-Michel, dont les bras ne sont pas « le moins du monde justes ». A cela M. Lecoq répond : « Lorsque Raphaël peignit ce tableau, il avait prouvé maintes fois qu'il connaissait bien l'anatomie; par conséquent, si dans ce cas elle n'est pas correcte, il en faut chercher la cause, non dans l'ignorance, mais bien dans des motifs purement artistiques, et cela ne retire rien à la beauté de l'œuvre. »

Faire bien, en art, ne veut pas dire qu'on sera irréprochable en tout. L'artiste doit choisir dans la nature ce qui lui paraît propre à exprimer sa pensée le plus fortement possible. La science sur laquelle il s'appuie ne doit entraver ni refroidir son inspiration.

11 *septembre.* — Je rassemble les éléments d'un traité d'anatomie du cheval. Je n'ai encore fait complètement que la tête et les jambes de devant, une jambe de derrière et le poitrail, mais là se sont bornés mes essais. M. Lecoq, à qui je les ai soumis, tout en me complimentant sur mon ouvrage, craint que l'insuffisance de mes connaissances ne me permette pas de le pousser convenablement jusqu'au bout.

21 *octobre.* — A l'atelier, M. Lecoq dit à Chapron que le changement de manière dans l'exécution offre toujours de grands avantages; il lui conseille, après avoir dessiné l'académie, de faire une pochade comme étude de tons, puis, en l'absence du modèle, la faire de mémoire en s'aidant du dessin et de la pochade. Comparer ensuite avec le modèle et faire des corrections, tout en s'efforçant de conserver le sentiment du premier jet.

30 *octobre.* — Suivi un bataillon de chasseurs au Champ-de-Mars. Je n'ai pu faire qu'un dessin de souvenir de la manœuvre, dont je ne suis pas trop mécontent; j'en ai plusieurs autres à montrer à M. Lecoq, deux fusains : des cuirassiers et des clairons, un autre dessin au crayon : batterie de tambours sur le flanc d'une colonne par un temps orageux, et aussi des ouvriers. M. Lecoq se montre très satisfait de cet ensemble : mes cuirassiers, si vrais, ne manquent pas de noblesse; il m'engage, tout en conservant leur caractère aux choses, à les voir par leur beau côté.

1858. 24 *janvier.* — Je fais part à M. Lecoq de mes projets à l'égard de la peinture. Je lui dis que je commencerai au printemps par des études de nature morte.

Je lui dis aussi que, pour le moment, las des études suivies, des labeurs sans relâches, mon intention est de rompre, sinon complètement, du moins en partie, avec les pratiques anciennes.

A cela, dit presque sans préambule, il répondit en m'interrogeant sévèrement. Alors, je m'appliquai à lui exposer minutieusement mon programme, et j'eus la satisfaction de le voir entrer complètement dans mes vues. Cela lui paraissait très logique : loin d'être désordonnée, comme il l'avait pensé tout d'abord, cette marche lui semblait très bien calculée.

16 *mars*. — Ce matin, à l'atelier, M. Lecoq nous conseille l'emploi de cette préparation : imbiber d'huile grasse abondamment le carton ou la toile et même le papier (dont il n'est pourtant pas très partisan), délayer dans l'eau une assez faible quantité de blanc de céruse que l'on peut teinter à volonté, l'étendre sur la surface à l'état frais. Pour faire sécher, employer le siccatif de Courtrai.

... Grand reproche parce que je n'avais pas encore commencé de peinture. (Un croquis à la plume est joint à ces lignes qui montre le maître conversant avec son élève.)

1865. 5 *mars*. — M. Lecoq vient voir mon tableau : d'abord il semble un peu surpris. Il me dit ensuite que c'est très *original* et qu'il me *retrouve* enfin. Quoique ce soit très peu fait de près comme de loin, il se déclare satisfait.

Reprendre le ciel et le terrain, qui sont d'un ton lourd. Toucher certaines parties qui ne sont pas assez faites, mais garder la tonalité générale qui est bonne et ne pas affaiblir l'impression générale qui est excellente.

En me quittant il me répète qu'il est très, très content de mon tableau. Mais à tout prix il faut reprendre le ciel et le terrain.

1866. 13 *mars*. — Visite au tableau « le Drapeau ». Dès le premier mot il me dit que ce n'était pas si mal que je lui avais dit, que c'était énergique. Le porte-drapeau lui plaît moins que celui de l'esquisse, parce qu'il est moins en évidence. Le ciel est cru, devrait être changé. Le zouave bien. Un bonhomme la jambe trop arquée ; en somme, vu dans la glace, il croit que mon tableau fera meilleur effet au Salon que dans l'atelier.

... L'auteur de ces notes, lorsqu'il mourut à 37 ans, avait au moins réussi à donner la mesure d'un talent, qui le range parmi les meilleurs et les plus robustes peintres de son temps.

Voici encore un témoignage non moins typique, la lettre d'un autre élève de Lecoq de Boisbaudran, répondant à une offre de collaboration.

Après de brillants débuts en peinture — je sais de lui une copie du grand Canaletti du Louvre qui vaut l'original — l'artiste en question se confina dans des études botaniques dont il fit profiter pendant longtemps le Muséum d'histoire naturelle. Voici sa lettre :

24 décembre 1897.

... L'ouvrage que vous me proposez ne cadre pas avec mes moyens. A force de faire des planches de botanique, je suis arrivé à une certaine adresse, je puis dire que je sais mon métier, mais je n'en sais pas un autre. Je suis arrivé à rendre les plantes comme je les comprends, mais je ne pourrais les représenter autrement sans recommencer un apprentissage, et à mon âge je n'ai plus l'élasticité physique et intellectuelle nécessaire.

S'il s'agit de mes dessins de botanique, j'ai foi en ce que je fais, j'ai confiance en mes recherches analytiques de position et de forme des organes des plantes et quand même je n'ai à ma disposition que des échantillons de végétaux fanés auxquels il faut rendre la vie en leur restituant leur port naturel, je puis répondre de mon travail. Ce ne serait cependant pas sans épouvante que je songerais à traiter la plante ornementale, reconnaissant d'avance que n'importe qui, disant qu'on aurait pu faire mieux ou autrement que moi, pourrait avoir raison. Alors, sans conviction, pas d'ardeur, pas de feu sacré : du médiocre. Pour recopier des dessins en fac-similé, je n'aurais pas non plus la souplesse qu'il faut pour entrer dans la peau d'un autre.

Je suis dessinateur, doublé de botaniste.

Si vous pouvez me faire avoir des planches de botanique,

soyez assuré qu'on vous saura gré d'avoir recommandé un homme aussi précieux.

Bien cordialement à vous.

Ch. C...

P. S. Les lithographes ne regardent pas mes dessins sur pierre comme de la lithographie, ils parlent avec mépris de « mon histoire naturelle », disent que c'est fait à la loupe, que ce n'est pas crayonné, pas « rentré », etc.

Cette lettre, aussi bien que les notes qui la précèdent, respirent la plus entière sincérité, témoignent d'un naïf et consciencieux effort vers le bien, du plus parfait mépris pour le lâche à-peu-près, et c'est bien de cela que le maître parlait sans cesse à ses élèves.

Lecoq de Boisbaudran professa pendant longtemps au lycée Saint-Louis, et lorsque l'École spéciale d'architecture fut fondée par M. Émile Trélat, il ne marchanda pas son concours à cette belle institution ; deux de ses élèves, Cazin et Félix Régamey, successivement l'y accompagnèrent en qualité d'adjoints, jusqu'en 1870.

Ils sont innombrables ceux qui reçurent ses conseils sur les bancs de l'École de dessin de la rue de l'École de médecine, — aujourd'hui École des arts décoratifs, — de 1841 à 1869. Mais ne peuvent compter parmi ses élèves que ceux dont la trace est fournie par les dessins faits pendant un séjour plus ou moins prolongé à l'atelier particulier du maître et qui se retrouvèrent dans ses cartons après sa mort.

Plusieurs de ces noms, dont voici la liste à peu près complète, sont bien connus :

Georges Bellenger, Ch. Benoist, Bion, Boutelié, Bressler, Buval, Cazin, Chapron, Cuisin, Dalou, Dammouse, Fantin-Latour, Gabriel Ferrier, Gsell, de Lannoy, Laas d'Aguen, C. Lecoq, Alphonse Legros, Lhermitte, Lévy, Médel, Metzmacher, Normand, Moncelet, Léon Ottin, Pauly, Piot, les Régamey : Guillaume, Félix et Frédéric, Reutmann, Rimbourg, Roty, Sellier, Sibuet, Solon, Valney, Villesserre, etc.

Vers 1851, les élèves de Lecoq de Boisbaudran étaient réunis dans une des premières maisons du quai des Grands-Augustins qui fut démolie quand on construisit la place Saint-Michel : l'atelier fut transféré alors sur le même quai, au n° 39, puis rue Hautefeuille, jusqu'au jour où la maison fut abattue pour la percée du boulevard Saint-Germain. A cette époque, le maître demeurait rue Jacob, n° 11, où deux fois par semaine, lundi et jeudi, le soir de 7 à 10 heures, il avait son cours particulier. C'est dans cette rue, au n° 3, qu'il devait finir ses jours.

Il était né rue Sainte-Avoye; il fut enterré au cimetière Montparnasse, sans fleurs, sans discours et sans prière, selon sa volonté.

En son âge mûr, il avait le masque de Paul Véronèse : celui de l'homme jouant de la viole, que le grand maître italien a placé dans son tableau des *Noces de Cana*.

Un portrait de Boucher vieilli, au musée de Versailles, le rappelle encore, et plus tard, quand vint le déclin, il ressemblait étonnamment à Brutus, tel que son buste nous le montre.

Moralement il n'eut rien de commun avec ces trois personnages : ce fut un doux philosophe épris avant tout de logique et de conciliante équité, ainsi qu'en témoignent les dernières pages qu'il écrivit, réunies sous ce titre : *Quelques idées et propositions philosophiques*. En tête des courts chapitres de cet ouvrage on lit : « Culture de la moralité. — La raison et la conscience morale. — L'instinct et l'idéal. — La vérité. — Les probabilités consolantes. — Le sentiment religieux. — Le peut-être, » etc.

« Gardons intacte la raison, notre guide essentiel, le précieux instrument de nos projets passés et futurs, dit-il, et, en même temps, comprenons tout ce qu'il peut y avoir d'espérances et de consolations dans ce mot, dans cette idée : Peut-être. »

Ainsi pénétré d'idées générales, l'enseignement d'un tel maître dépassait les limites de sa spécialité.

Rebelle au sophisme qui fait de l'artiste — peintre, musicien ou poète — un être à part dans la société, il niait que l'éclat de ses œuvres pût servir de rançon à son indignité ; il se refusait à voir en lui une manière de phénomène irresponsable, dégagé de tous devoirs envers les autres hommes et pouvant tout se permettre.

Son goût raffiné ne trouvait aucun charme au commerce des monstres, non plus qu'aux produits de leur génie, et c'est sur le rayonnement des vérités morales qu'il voulait qu'on se reposât pour la parfaite éclosion des beautés de l'art, objet de son culte.

Lecoq de Boisbaudran, en prenant possession de l'esprit de ses élèves, sut aussi gagner leur cœur. Il leur donna une dernière preuve de sa sollicitude en inscrivant les noms de plusieurs d'entre eux sur son testament pour des sommes dont le total atteignait presque cent mille francs.

Cette touchante libéralité, qui combla de surprise ceux qui en furent l'objet, achève de caractériser cet homme de bien.

AUFFRET. — Une famille d'artistes brestois au **XVIIIe siècle.** — Les Ozanne. In-4°, *planches* .... 12 fr.

BONNAFFÉ. — **Le commerce de la curiosité.** In-8° ...... 5 fr.

DE CHAMPEAUX et GAUCHERY. — **Les travaux d'art du duc de Berry,** avec une étude biographique sur les artistes employés par ce prince. *Paris,* in-4°, *planches* .... 30 fr.

Ce superbe ouvrage, orné de 44 planches, est la reconstitution complète de la plus belle œuvre architecturale du xive siècle. C'est l'époque du style flamboyant, des châteaux merveilleux, des miniatures exquises. Le duc de Berry fut le prince le plus artiste de son temps ; il faut lire le travail auquel les auteurs se sont livrés pour retrouver les noms de ces artistes incomparables qui sont toujours des maîtres d'œuvre, des maçons, et le plus souvent des inconnus. Ce livre peut servir de complément aux œuvres de M. Viollet-le-Duc.

COURAJOD. — **Alexandre Lenoir, son journal et le musée des monuments français.** 3 vol. in-8° *planches* .... 30 fr.

Ce livre est le catalogue du musée du moyen âge et de la renaissance française qui a été formé au Louvre.

— **Les origines de la Renaissance en France aux XIVe et XVe siècles.** In-8°, fig. .... 1 fr. 50

— **La part de la France du Nord dans l'œuvre de la Renaissance.** In-8°, fig. .... 3 fr.

— **Le buste de Pierre Mignard du musée du Louvre.** Grand in-8° .... 2 fr.

— **La sculpture à Dijon. L'École Bourguignonne à la fin du XIVe et pendant le XVe siècle.** In-8°, pl. .... 1 fr. 50

— **La sculpture française avant la Renaissance classique.** Grand in-8°, fig. .... 3 fr.

LAMI (Stanislas). — **Dictionnaire des sculpteurs de l'École française du moyen âge au règne de Louis XIV,** avec une préface de Larroumet. In-8° .... 15 fr.

LARROUMET. — **La maison de Victor-Hugo.** In-12, *eaux fortes* .... 3 fr. 50

MARMOTTAN. — **Les arts à la cour d'Élisa.** In-1°, *planches.* 20 fr.

MAXE-WERLY. — **Notes et documents pour servir à l'histoire de l'art et des artistes dans le Barrois antérieurement à l'Époque de la Renaissance.** In-8° .... 6 fr.

MEAUME. — **Recherches sur la vie et les ouvrages de Jacques Callot.** 2 in-8° .... 60 fr

PIERRE. — **Histoire singulière et véridique de cinq bustes en marbre offerts à la ville de Troyes par Grosley et exécutés par le sculpteur Louis-Claude Vassé.** In-12, *planches* .. 3 fr. 50

TYPOGRAPHIE FIRMIN-DIDOT ET Cie. — MESNIL (EURE).